AF349338

Bulería
y el cumpleaños de Fandango

Juan Francisco Cara Muñoz
María de las Mercedes Cara Muñoz
José Alberto Martínez Sánchez
Ilustrador: Patricio Hidalgo

Título: BULERÍA Y EL CUMPLEAÑOS DE FANDANGO

Autores y autora: Juan Francisco Cara Muñoz, María de las Mercedes Cara Muñoz, José Alberto Martínez Sánchez

Ilustrador: Patricio Hidalgo

Editorial: WANCEULEN EDITORIAL
Sello Editorial: WANCEULEN KIDS

ISBN (PAPEL): 978-84-19598-46-2
ISBN (EBOOK): 978-84-19598-47-9

Impresión bajo demanda

WANCEULEN S.L.
Dirección web: www.wanceuleneditorial.com y www.wanceulen.com
Email: info@wanceuleneditorial.com

A nuestros compañeros y compañeras,
por ser para nosotros una fuente inagotable de inspiración.

ÍNDICE

EL FLAMENCO

El flamenco es para mi un hilo conductor entre almas que buscan transmitir a través de la música lo que las palabras no pueden alcanzar.

José Anillo, cantaor

El flamenco es la esencia que permite al artista expresarse.

Macarena de la Torre, cantaora

El flamenco es un idioma universal que nos alimenta y nos ayuda a vivir, como la música, con la particularidad que es nuestro y podemos presumir de él.

Diego del Morao, guitarrista

El flamenco para mí es el mejor compañero que me ha tocado para vivir esta vida. En la próxima vida, no sé si tendré tanta suerte.

Alfredo Mesa, guitarrista

El flamenco es una manera de vivir, a mí me lo transmitió mi abuelo y yo se lo transmito al que tenga enfrente. Somos lo que bailamos y bailamos lo que somos.

Manuel Montes, bailaor

Capítulo 1
Fandango

Bulería está organizando una fiesta para su padre. En unos días será el cumpleaños de Fandango y Bulería quiere reunir a su familia para celebrarlo todos juntos.

Fandango siempre tenía mucho trabajo como bailaor, y apenas podía reunirse con sus hermanos y demás familiares. Bulería pensó que le haría mucha ilusión que estuvieran todos en el día de su cumpleaños. Quería que hubiera música y buen espacio para que pudieran bailar, ya que era algo que a todos les encantaba.

Fandango bailaba desde chico, era muy natural, lo hacía de tal manera que parecía que era parte de su día a día. Además, no le gustaba seguir pautas al bailar, le gustaba sentirse libre y lo hacía de una forma muy personal. Al principio la gente no se lo tomaba en serio, recibía muchas críticas por su forma de bailar;

pero él creyó en sí mismo y fue ocupando su sitio, el sitio que merecía. Su madre, la abuela de Bulería, cuando era pequeño le decía: "No te preocupes por lo que diga la gente hijo, llegarás muy lejos". Y le cantaba una bonita canción:

"A querer y a perdonar,
yo quiero enseñar a mis niños,
a querer y a perdonar,
y que luchen por un mundo,
de tolerancia y de paz,
de comprensión y cariño,
y respeto a los demás,
y a caminar siempre de frente,
con la cara levantá."

Bulería quería avisar a todos sus tíos, en especial al mellizo de su padre. Éste, se había tenido que ir a Huelva por trabajo, y hacía más tiempo que no se veían. A pesar de ser

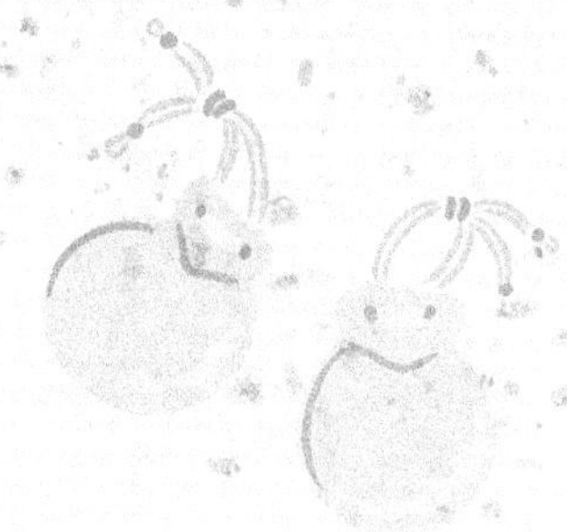

mellizos, era distinto a Fandango, muy organizado, aunque también tenían otras cosas en común. Vivía en Alosno, y a Bulería le encantaba verlo porque siempre le canturreaba una canción que se canta mucho en ese lugar:

"Alosno, Calle Real del Alosno,
con sus esquinas de acero,
es la calle más bonita,
que rondan los alosneros,
calle real del Alosno."

¡Qué emoción! Estaba deseando ver la cara de felicidad que pondría su padre el día de la fiesta.

Capítulo 2
Malagueña

El cumpleaños de Fandango se va acercando y Bulería seguía organizando la fiesta. Esta tarde le tocaba llamar a una tía suya, hermana de su padre: Malagueña.

Malagueña vive en Málaga, pero Bulería sabe que no tendrá problemas en hacer un hueco en su ajetreada agenda para asistir a la fiesta de su hermano. Ella es cantaora, de hecho, la conocen como "La cantaora". Al igual que Fandango, Malagueña actúa en tablaos y es muy popular. El público la solicita mucho, todo el mundo quiere escucharla.

A Malagueña le gusta sentirse libre, en eso se parece a su hermano Fandango. Ellos dos se llevan muy bien y le fascina que su hermano le baile mientras ella canta.

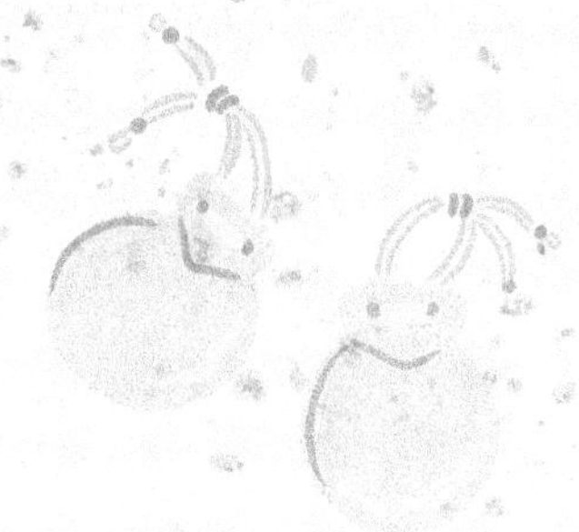

Bulería marcó el número de su tía, y ansiosa, esperaba escuchar su voz y saber su respuesta.

- Claro que me apunto, Bulería - le dijo Malagueña cuando Bulería le preguntó si podría asistir al cumpleaños de Fandango -. Iré con unos amigos: Juan Breva, El Mellizo y El Canario, tu padre también los conoce y le dará mucha alegría tenerlos allí.

- ¡Qué bien tía! Mi padre se pondrá muy contento - le respondió Bulería.

- Claro que sí, no me lo perdería por nada del mundo, estoy deseando veros a todos - le dijo.

Y empezó a canturrearle esta letrilla por el teléfono:

"En el balcón,
toda la nochecita me llevo,
sentaíto en el balcón,
y cuando siento los pasitos tuyos,
se me alegra el corazón,
toíta la noche me llevo."

Qué alegría tan grande sintió Bulería ante la respuesta de su tía Malagueña.

Capítulo 3
Granaína

Hoy Bulería ha llegado del colegio con mucha prisa; quiere comer rápido para ir a comprarle el regalo de cumpleaños a su padre. Ya había hablado con casi todos sus familiares para invitarles a la fiesta pero todavía faltaban muchas cosas por organizar.

Deseaba que el regalo fuera algo muy especial pero no se le ocurría qué podía ser. No contaba con demasiado dinero, pero estaba dispuesta a gastar gran parte de sus ahorros en ello.

- Mamá, ayúdame a pensar qué puedo regalarle a papá - le dijo a su madre Soleá.

- ¡Ay Bulería! No sé, ahora estoy trabajando, no me distraigas - le respondió.

Bulería frunció el ceño y se fue a su cuarto a seguir pensando. Se le ocurrían muchas

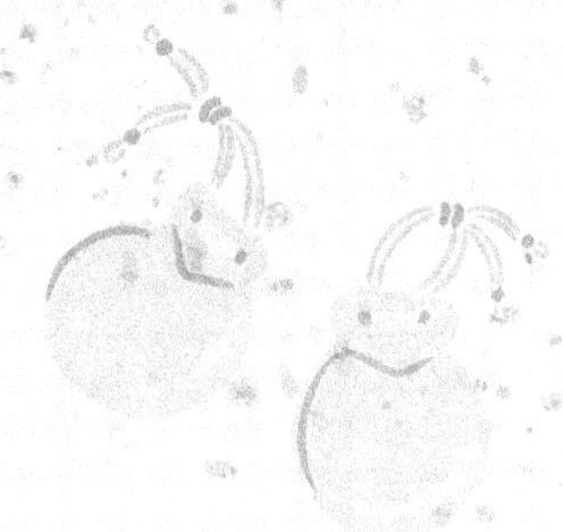

cosas pero no le terminaban de convencer. Recordó que una tía suya, Granaína, tenía muy buen gusto y decidió llamarla para pedirle consejo. Además, había estado hablando pocos días antes con ella para invitarla a la fiesta y sabía que le ayudaría encantada.

Granaína era otra hermana de su padre Fandango, cantaora. Vivía en el Albaicín, un bonito y antiguo barrio de Granada.

- Hola tía, ¿qué tal estás? Necesito que me ayudes a pensar en el regalo para mi padre, tú lo conoces mejor que nadie - le dijo a Granaína.

- Bulería, qué alegría volver a oírte. Estoy con tu tía Malagueña... ya sabes que somos inseparables. Vamos a pensar entre las dos y te llamo cuando sepamos - le respondió.

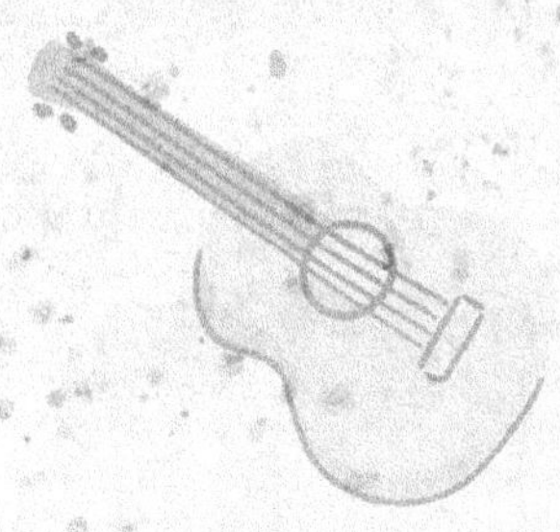

Bulería se quedó algo más tranquila, aunque le hubiera gustado que se lo dijera en el momento, pero su tía Granaína era muy de quedarse a medias, al menos eso le decían todos cuando cantaba.

Al cabo de un rato, Granaína llamó a Bulería.

- ¡Por fin tía! Estaba impaciente esperando tu llamada - le dijo Bulería a su tía.

- Bulería, la tía Malagueña y yo hemos estado pensando, y creemos saber la respuesta. Has hablado con toda la familia para reunirnos el día de su cumpleaños sin que él sepa nada; ese es el regalo más grande que le puedes hacer a tu padre. Se llevará una gran sorpresa. No hace falta que busques un regalo material, ese día estaremos todos juntos y disfrutaremos con música, cante y baile - respondió Granaína.

Bulería se emocionó al escuchar a su tía. Tenía razón, el mejor regalo era que su padre se reencontrara con sus seres queridos y pasaran un día estupendo.

- Gracias tía, me has ayudado mucho - le dijo Bulería.

- No es nada sobrina - le dijo antes de empezar a canturrear una bonita canción de su tierra.

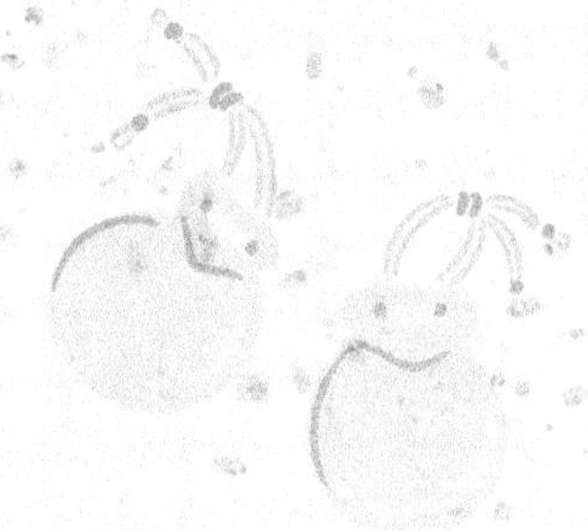

"Viva el puente del Genil,
viva Graná que es mi tierra,
y viva el puente del Genil,
la virgen de las Angustias,
la Alhambra y el Albaicín,
la Alhambra y el Albaicín."

Capítulo 4
Rondeña

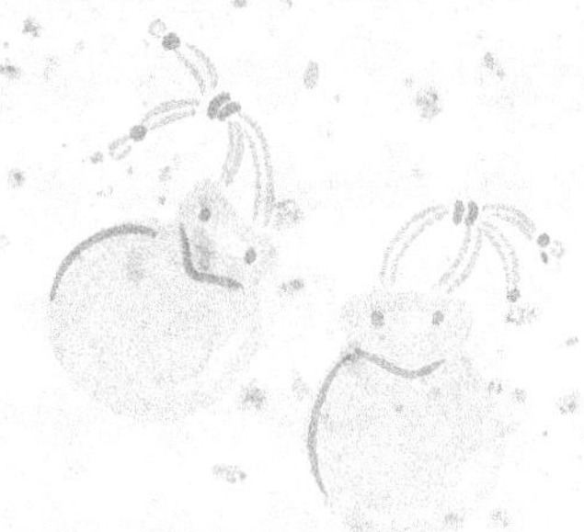

Es fin de semana y Bulería quiere aprovechar que no tiene que ir al colegio para seguir organizando la fiesta sorpresa para su padre Fandango.

Ahora tiene que pensar el sitio donde van a celebrar el cumpleaños; tiene que ser un punto intermedio para toda la familia.

- Mamá, tenemos que pensar dónde vamos a celebrar la fiesta de papá - le dijo a su madre Soleá.

- Ay Bulería, pues teniendo en cuenta que tus tías viven en distintas localidades de Andalucía, lo mejor será que vayamos todos a la que esté en el centro, en este caso Ronda - le respondió.

Bulería se emocionó muchísimo.

- ¡Claro mamá, allí está la tía Rondeña! Seguro que le encanta la idea - dijo Bulería con una sonrisa de oreja a oreja.

Bulería salió corriendo a por el teléfono para llamar a su tía Rondeña y preguntarle qué le parecía lo que habían pensado.

- ¡Hola sobrina! Me pillas algo ocupada, ya sabes que siempre estoy de aquí para allá, pero cuéntame - dijo Rondeña con aire "abandolao".

- Hemos pensado celebrar la fiesta sorpresa de mi padre en Ronda porque es el punto intermedio para todos ¿qué te parece a ti? - le preguntó entusiasmada.

Rondeña se llevó una alegría muy grande; le encantaba recibir visitas y le hacía mucha ilusión que el encuentro de toda la familia se hiciera en su tierra. Eso sí, no podía faltar una guitarra, a Rondeña le gustaba mucho.

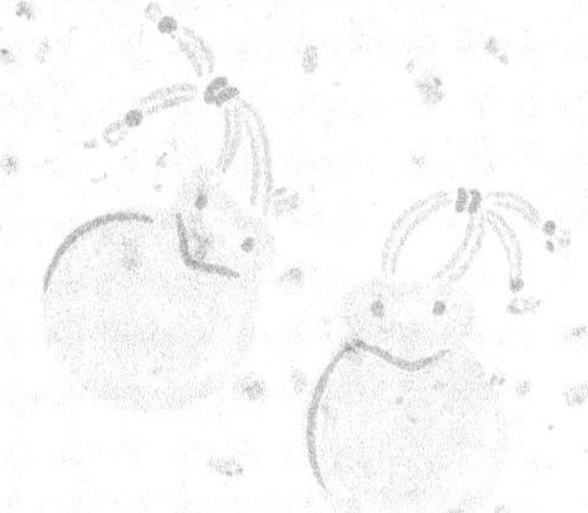

- Estupendo Bulería, nos vemos aquí dentro de dos semanas. Yo estoy algo liada pero les diré a mis amigos Morente y Fosforito que me ayuden a buscar un sitio bonito, ellos conocen bien la zona.

Bulería sintió un gran alivio al escuchar la respuesta de su tía. Sintió que el esfuerzo que estaba haciendo por organizarlo todo, merecería mucho la pena.

Capítulo 5
Taranto

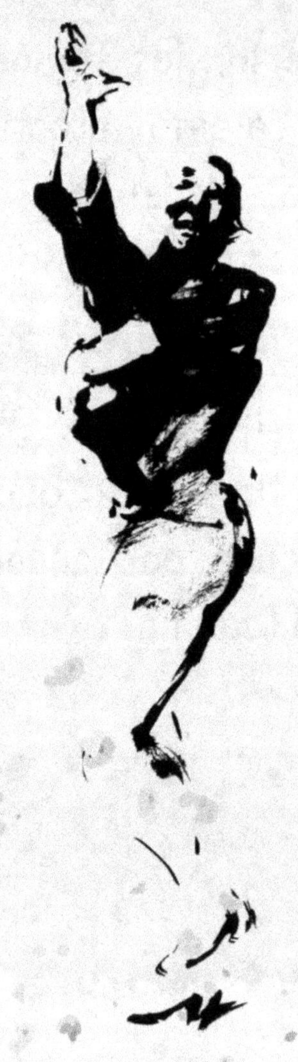

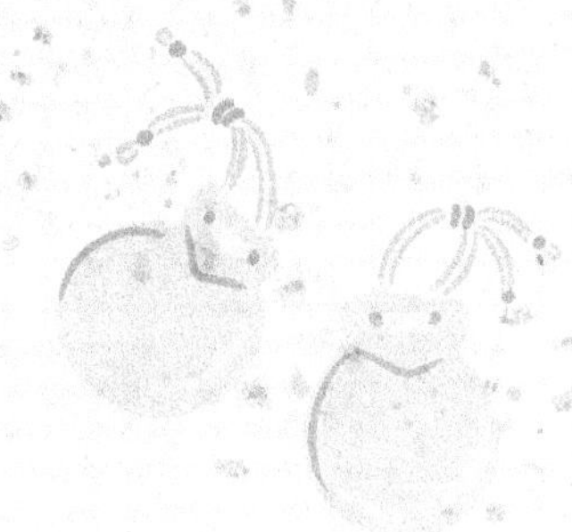

¡Qué poquito faltaba para la sorpresa! Ya estaban todos los familiares y amigos avisados y el punto de encuentro elegido, Ronda. Faltaba alquilar el local y preparar la decoración del mismo.

Bulería descolgó el teléfono, la estaba llamando Taranto, otro hermano de su padre Fandango, que vivía en Almería.

- Buenas tardes Bulería, ¿cómo estás sobrina? Estoy en Ronda, me ha pedido la tía Rondeña que la ayude a buscar un local para celebrar el cumpleaños de tu padre - le dijo.

Taranto era minero y bailaor en sus ratos libres. A pesar de no dedicarse plenamente al baile, era muy preciado por todo el mundo. Para ello, tuvo el apoyo de Carmen Amaya, otra bailaora, que lo ayudó a ser popular.

- Hola tío, muchas gracias por ayudarnos. Estoy segura de que vais a encontrar un sitio estupendo y lo vais a decorar muy bonito - le respondió.

Taranto le prometió que así sería y le pidió una cosa a cambio: cuando estuvieran todos juntos, tenía que cantarle para que él bailara.

Taranto era muy expresivo bailando, era algo que destacaba en él, y le gustaba que le hicieran el "ayeo" con poderío.

- Ay, ay, ay... - canturreó Bulería con mucha alegría - ¡Eso está hecho tío!

Bulería colgó el teléfono muy contenta, todo estaba saliendo de maravilla.

Capítulo 6
Taranta

Llegó el día. Bulería y sus padres están ya montados en el coche camino de Ronda. Soleá y Bulería convencieron a Fandango para pasar el fin de semana en una casa rural.

Los nervios recorrían de arriba abajo a Bulería, quería que todo saliera perfecto y que su padre se llevara la mayor de las sorpresas.

Una vez que llegaron a Ronda, tenían que ingeniárselas para llevar a Fandango al local donde toda la familia y amigos cercanos les estaban esperando.

- Fandango, me han hablado muy bien de un sitio que está en el centro del pueblo - le dijo Soleá.

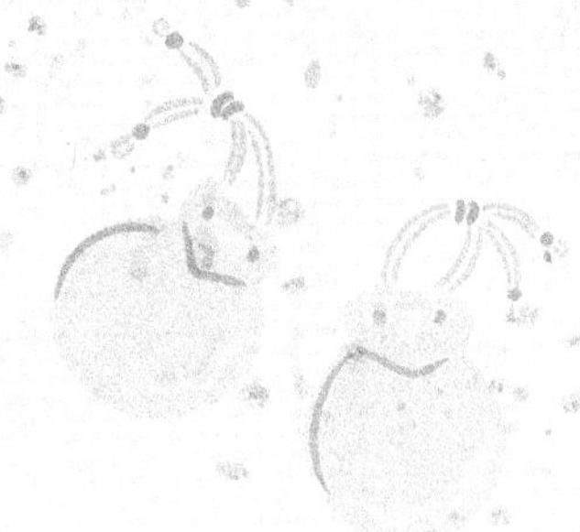

- Pues vamos para allá, seguro que merece la pena - contestó Fandango.

Soleá y Bulería ya habían avisado a todos que estaban caminando hacia el local para que estuvieran preparados.

- ¡Sorpresa! ¡Feliz cumpleaños Fandango! - gritaron todos a la vez.

La cara de Fandango lo decía todo, estaba alucinando, no podía creer que todos sus hermanos y demás seres queridos estuvieran allí juntos.

Bulería no pudo evitar soltar alguna que otra lágrima de emoción, era el momento que tanto estaba esperando desde hacía días.

- ¡Es la tía Taranta! - gritó al ver a su tía.

Taranta, era otra de las hermanas de Fandango, melliza de Taranto. Vivía en Linares, un pueblo de Jaén. Bulería pensaba que no podría asistir y se llevó una gran alegría al ver que estaba allí también. Iba guapísima, como siempre; Taranta utilizaba ropa muy variada. A pesar de ser melliza de Taranto, eran muy distintos, Taranta era más independiente y libre que él.

Empezó la fiesta. Taranta comenzó a cantar, le gustaba hacerlo con muchas filigranas. Y los demás hermanos comenzaron a seguirla con distintos cantes, bailes y palmas; era lo que les nacía, lo que les hacía sentirse bien y unidos.

Fandango se acercó a Bulería y le dio un fuerte abrazo.

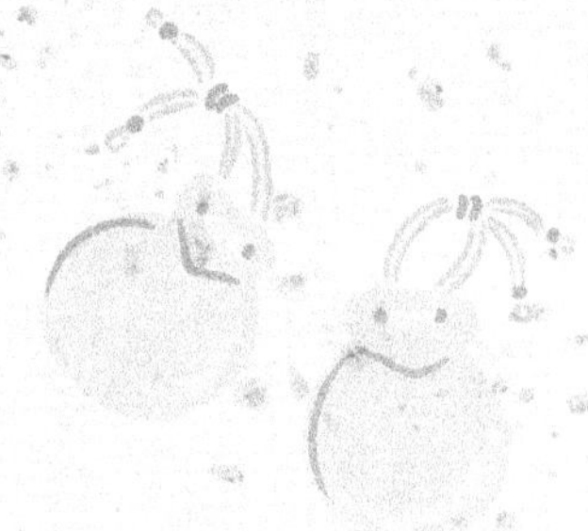

- Muchas gracias hija, me has hecho muy feliz, es el mejor regalo que podría tener en mi cumpleaños - le dijo al oído.

Bulería lo abrazó más fuerte y simplemente le respondió con un "Te quiero".

FIN